LE

❧ KANSAS ❧

EN 1889

Par EMILE FIRMIN, Avocat
Commissaire du Kansas à l'Exposition.

CAPITOLE (TOPEKA).

TOPEKA, KANSAS,
CLIFFORD C. BAKER, IMPRIMEUR DE L'ETAT.
1889.

EXTRAIT D'UNE LOI

VOTÉE PAR LES CHAMBRES DE L'ÉTAT DU KANSAS

LE 1er MARS 1889.

ART. 1. Le Gouverneur est autorisé, par les présentes, à nommer un Commissaire à l'Exposition Universelle qui s'ouvrira à Paris, le 5 mai prochain. La personne sur laquelle se portera exclusivement son choix, devra être familière avec les ressources et les productions de l'État, connaître l'Europe, avoir l'expérience des affaires, être capable de parler la langue française, et résider dans l'État à l'époque de sa nomination.

    *   *   *   *   *   *

ART. 3. Ce Commissaire devra rédiger en français, faire imprimer par l'imprimeur de l'État, et distribuer à l'Exposition, une brochure, contenant un résumé de l'histoire du Kansas et de ses premiers *settlers*, renseignant sur sa configuration physique, ses animaux et poissons, son climat, sa position géographique, son système d'éducation, ses institutions religieuses et charitables, son agriculture, ses cours d'eau, ses forces motrices, ses chemins de fer et autres voies de transport; l'augmentation de sa population et le développement de sa richesse, le caractère et les mœurs de ses habitants.

Enfin cette brochure devra traiter de toutes autres questions qui tendront à donner une idée sommaire des commencements du Kansas, de ses progrès et de son état actuel, en vue de renseigner ceux qui désireraient grossir le chiffre de sa population.

    *   *   *   *   *   *

UNIVERSITÉ DE L'ETAT DU KANSAS, A LAWRENCE.

LE KANSAS EN 1889.

LE but d'une Exposition Universelle étant de présenter au monde, un tableau, aussi complet que possible, de l'état actuel des connaissances humaines, c'est concourir à ce but, que de faire connaître le degré d'avancement de chaque pays, le rang qu'il occupe, dans l'échelle de la civilisation.

C'est pour celà que le Kansas, l'un des 42 États, qui composent la grande République des États-Unis de l'Amérique du Nord, croit devoir signaler sa participation à l'Exposition Universelle de 1889, en faisant connaître, au moyen de cette publication, les merveilles de son prodigieux et rapide développement.

Le Kansas est une ancienne possession française. Il faisait partie du vaste territoire, désigné sous le nom de Louisiane, qui fut cédé, par la France, au Gouvernement des États-Unis, au commencement de ce siècle.

Il forme un rectangle presque parfait, au centre géographique des États-Unis, borné au Nord par l'État du Nébraska, au Sud par le Territoire Indien, à l'Est par l'État du Missouri, et à l'Ouest par l'État du Colorado. Sa superficie est de 21,270,695 hectares, soit environ la superficie de l'Angleterre et de l'Écosse réunies.

Comme chaque État de l'Union, le Kansas constitue une République, ayant son Gouverneur, une Chambre Législative, et un Sénat. Il s'administre et légifère, au gré des citoyens qui l'habitent, dans les limites qui lui sont tracées par la Constitution Générale des États-Unis.

A l'époque de la proclamation de l'Indépendance, les États-Unis ne comptaient que treize États, occupant environ le dixième de l'étendue actuelle de la grande République. Au fur et à mesure que les autres Territoires se sont organisés et ont atteint un minimum de population, de 100,000 habitants, ils ont été admis au nombre des États. C'est ainsi, avons-nous dit, que l'Union en renferme actuellement 42.

Le Kansas fut admis en 1861. Pour bien faire comprendre sa situation à cette époque et les progrès réalisés depuis, on ne saurait mieux faire que de reproduire, dès le début de ce travail, quelques extraits du message du Gouverneur MARTIN, à l'ouverture de la session législative de 1885 :

" Avant que la Législature ne s'assemble de nouveau, en session " régulière," dit le Gouverneur, " il se sera écoulé un quart de siècle " depuis l'admission du Kansas, dans l'Union. Admis le 29 janvier " 1861, au moment où éclatait le conflit le plus vivace et le plus ter-

" rible dont le monde eût jamais été témoin, l'histoire du Kansas four-
" nit l'exemple le plus remarquable du développement d'une société,
" sous l'égide des libres institutions républicaines.

" Il y avait à cette époque 31 comtés, nous en comptons aujourd'hui
" 82.

" La population de l'État dépassait à peine 100,000 habitants ; elle
" est maintenant de plus de 1,250,000.

" 406,488 acres (1) seulement de la vaste superficie de notre riche sol
" étaient alors en culture. Le produit des principales récoltes n'était,
" pour tout l'État, que de 194,173 boisseaux (2) de blé, et de 6,150,727
" boisseaux de maïs. Pendant l'année qui vient de finir, 9,458,737
" acres ont été en culture, et le produit de nos principales céréales a
" été de 48,058,431 boisseaux de blé, et de 190,870,686 boisseaux de
" maïs.

" En janvier 1861, on estimait la valeur des propriétés de l'État,
" à 24,774,338 dollars (3) ; elle s'élève aujourd'hui à 237,020,391 dol-
" lars.

" Les districts scolaires organisés s'élevaient au nombre de 217,
" employant 319 instituteurs, et la valeur des propriétés d'école de tout
" l'État n'était que de 10,432 dollars, ; tandis qu'aujourd'hui il y a
" près de 7,000 districts organisés, avec 6,605 maisons d'école, occu-
" pant 8,342 instituteurs, et la valeur de toutes les propriétés scolaires
" réunies atteint le chiffre de 5,715,582 dollars.

" Il n'y avait pas alors un seul mille (4) de chemin de fer, dans
" toute l'étendue du Kansas ; tandis qu'à l'heure actuelle, il y en a
" 4,486, et la valeur assignée à ces routes, pour servir de base à la
" perception de l'impôt, est de 24,455,907 dollars 85 centièmes. 69 des
" comtés organisés et 4 des 13 non organisés sont traversés par une ou
" plusieurs voies ferrées.

" En 1861, les animaux domestiques élevés dans l'État se décom-
" posaient de la façon suivante :

" Chevaux...................................... 20,344
" Mulets...................................... 1,496
" Bêtes à cornes.............................. 93,463
" Porcs...................................... 138,294
" Moutons.................................... 17,569

" soit un total de............. 271,166 têtes.

---

(1) L'acre équivaut à 40 ares 46 centiares.
(2) Le boisseau vaut 36 litres ⅓.
(3) Le dollar vaut environ cinq francs.
(4) Le mille équivaut à 1,609 mètres.

" Actuellement le Kansas renferme :

" Chevaux.............................. 461,136
" Mulets............................... 64,889
" Bêtes à cornes....................... 1,858,825
" Porcs................................ 1,953,144
" Moutons............................. 1,206,297

" soit un total de...... 5,544,391 têtes.

" Le nombre des électeurs de l'État n'était :

" En 1861 que de.................... 14,471
" En 1864 il s'élevait à................ 21,835
" En 1868 à.......................... 43,684
" En 1872 à.......................... 100,174
" En 1876 à.......................... 124,110
" En 1880 à.......................... 201,236
" Et à la dernière élection il a atteint le
" chiffre de........................ 263,684 "

Complétons ce document au moyen de quelques chiffres empruntés au message du même Gouverneur, à l'ouverture de la session législative de janvier 1889 :

" Le nombre de suffrages exprimés aux dernières élections a été de
" 330,215, soit 64,836 de plus qu'en 1885.

" La population a augmenté depuis cette époque de 392,000 habi-
" tants.

" Dans ces 4 années 24 nouveaux comtés ont été organisés.

" Il a été mis en culture 6,756,873 acres de terre, et la valeur de la
" propriété s'est accrue de 116,227,941 dollars.

" Il s'est construit 1,591 écoles nouvelles. Le nombre des institu-
" teurs a augmenté de 1,669, et la valeur des propriétés scolaires a sauté
" de 5,715,582 à 8,608,202 dollars, soit une augmentation de 2,892,602
" dollars.

" Les écoles étaient fréquentées en 1884 par 411,250 élèves ; en 1888
" par 523,010, soit une augmentation de 120,760 élèves.

" Les recettes des écoles primaires étaient en 1884 de 3,013,778
" dollars, les dépenses de 2,882,963, tandis que pour 1888, les recettes
" ont été de 4,732,403 dollars, et les dépenses de 4,703,647 dollars.

" Toutefois le développement le plus extraordinaire a été celui
" des chemins de fer. L'État avait 4,553 milles de voies ferrées au
" premier janvier 1885, et 9,678 milles au premier janvier 1889, soit en
" 4 ans une augmentation de 5,135. Le Kansas vient désormais au
" second rang, parmi les États de l'Union, pour le nombre de milles de
" chemins de fer. "

Il convient d'autant mieux de faire connaître les chiffres officiels qui précèdent, que certaines cartes imprimées en Europe, désignent encore volontiers le pays, où se passent tous ces phénomènes d'un progrès sans précédent, dans aucun pays du monde, sous le nom de Désert Américain.

D'où viennent la population et les capitaux qui transforment ainsi cette contrée?

En très grande majorité, des autres États de l'Union, qui sont tenus au courant des ressources du Kansas par la presse locale. Il n'y va guère directement d'Europe que ceux qui sont attirés par des parents ou des amis déjà fixés dans le pays.

Les connaissances des Européens débarquant aux États-Unis s'étendent peu au-delà des grandes villes de l'Est. Ils s'arrêtent ordinairement à New-York, Philadelphie, Chicago, etc., où ils perdent beaucoup de temps et souvent tout leur argent, à la recherche d'une position, qu'ils trouveraient de suite et sans aucune sollicitation, s'ils étaient renseignés sur les contrées neuves de l'Ouest.

L'ignorance dans laquelle ils sont, à cet égard, est peut-être imputable à l'État, qui n'avait, pour ainsi dire, pas fait jusqu'ici de publicité directe, en dehors de l'Amérique. Aussi le Gouvernement saisit l'occasion que lui offre l'Exposition universelle, pour combler cette lacune, en faisant rédiger et distribuer gratuitement, la présente brochure, par les soins de son représentant à cette Exposition.

Son but n'est pas de solliciter les gens à émigrer, dans la pensée qu'ils trouveront la terre promise, mais de faire connaître, *exactement* et *sans exagération*, aux populations de langue française, la situation actuelle de l'État du Kansas, de détruire des erreurs géographiques qu'explique son rapide développement et enfin de fournir des renseignements *dignes de confiance*, à ceux qui sont amenés à rechercher une position pour eux-mêmes et un emploi profitable pour leurs capitaux, hors de leur pays natal.

MANIÈRE D'ACQUÉRIR LA PROPRIÉTÉ

DANS LES PAYS NEUFS D'AMÉRIQUE.

Le Gouvernement des États-Unis est seul propriétaire de la totalité des terrains qui constituent les États neufs. Avant de les livrer aux particuliers (au *settlement*), il les fait arpenter. Les terrains sont divisés, quels qu'en soient les accidents naturels, de la manière uniforme que présente le tableau suivant :

6	5	4	3	2	1
7	8	9	10	11	12
18	17	16	15	14	13
19	20	21	22	23	24
30	29	28	27	26	25
31	32	33	34	35	36

Chacun des 36 carrés qui précèdent constitue une section, ayant un mille ou 1,609 mètres de côté, et renfermant 640 acres ou 258 hectares.

Le grand carré formé par les 36 sections est une commune (*township*). La réunion d'un certain nombre de communes constitue un comté (*county*) et l'ensemble de ces comtés forme l'État. Dans chaque commune les sections 16 et 36, soit $\frac{1}{18}$ de la totalité des terres, sont mises en vente au profit des écoles. Les 34 sections restant, peuvent devenir propriétés privées, lorsque le pays s'ouvre au *settlement*.

Toute personne majeure : homme, fille ou veuve, peut choisir un quart de section, ou 160 acres de terre, où bon lui semble, et s'y établir, à la seule et unique condition d'en faire la déclaration, au bureau du Gouvernement.

Cette déclaration mentionne à quel titre l'occupant s'établit sur la terre. La loi prévoit, en effet, qu'on peut en prendre possession à titre : 1o *de homestead,* 2o *de préemption,* 3o et *de timber claim.*

Dans le premier cas, on devient propriétaire, gratuitement, au bout de 5 années de résidence sur la terre, en justifiant, par le témoignage de deux voisins, qu'on a construit une maison, qu'on l'a habitée et qu'on a mis une certaine partie du terrain en culture.

Dans le deuxième cas, les conditions sont les mêmes, sauf qu'on peut réduire la durée de la résidence de 5 ans à 6 mois, en payant, au Gouvernement, un dollar et quart par acre de terre, soit mille francs environ pour les 64 hectares.

Enfin tout en s'appropriant 160 acres, de l'une des deux façons qui précèdent, on peut s'emparer, en même temps, d'un autre quart de section, à titre de *timber claim*, à la condition de planter 10 acres de bois, dans le courant des 8 années qui suivent.

On ne paye d'impôts qu'après l'obtention du titre de propriété.

Ces lois sont très libérales. Tandis que, dans les possessions européennes, les habitudes d'épargne, le souci des intérêts des générations futures, peut-être aussi l'amour de la réglementation, rendent les concessions difficiles, entourées de formalités et peu importantes ; aux États-Unis, tout citoyen tient son droit directement de la loi, est libre dans son choix, et peut devenir propriétaire de 194 hectares de terrain.

Il faut ajouter que les terres libres ont considérablement diminué dans le Kansas. Il y en avait 21,570,869 acres, d'après le rapport de la Commission d'agriculture de 1885. D'après celui de 1887, il ne restait que 678,561 acres. Enfin il n'en reste d'après le rapport publié cette année que 291,220.

Mais les nouveaux-venus peuvent racheter la terre de ceux qui l'ont déjà prise du Gouvernement. Un grand nombre de personnes n'en ayant recherché le titre de propriété que dans un but de spéculation, contraire à l'esprit de la loi, ou sans avoir les moyens de la mettre en valeur, il est facile d'acquérir un beau domaine, à très bas prix, sans avoir les embarras d'une première installation.

En outre, quelques Compagnies de chemins de fer possèdent de grandes quantités de terre, qui leur ont été données par le Gouvernement, à titre de subvention, lors de l'établissement de leurs premières lignes. Elles offrent les terrains qui leur restent encore, au prix de 50 frs. l'hectare environ, et elles accordent 10 années de crédit pour les payer, en ce sens qu'elles se contentent de recevoir un dixième du prix par an.

Enfin le Kansas est limitrophe du Territoire Indien qui a une grande réputation dans tous les États-Unis. Une loi votée récemment par le Congrès de Washington a décidé, en principe, l'ouverture au *settlement* d'une partie de ce territoire, sous le nom de Oklahoma. Les habitants du Kansas qui n'ont pas encore fait usage de leur droit à une concession, seront bien placés pour l'exercer dans ce territoire. lorsqu'il s'ouvrira effectivement, dans le courant de 1890.

CONFIGURATION DU PAYS.

Il est temps de dire un mot de l'aspect général du pays et de la nature du sol.

Le Kansas est une immense plaine, inclinée de l'Ouest à l'Est, avec de légères ondulations qui rompent agréablement la monotonie du paysage. Un grand nombre de cours d'eau, aux rives boisées, arrosent ses vastes prairies et creusent des vallées larges et peu profondes.

C'est là que paîssaient, en liberté, d'innombrables troupeaux de buffles, il y a à peine 30 ou 40 ans. On trouve encore, de loin en loin, perdues dans la prairie, des pierres taillées qui servaient de flèches aux Indiens, pour leur faire la chasse. Depuis longtemps déjà, buffles et Indiens ont complètement disparu et fait place à tout ce qui constitue l'attirail de la plus haute civilisation moderne.

La charrue a pris possession de la prairie, et elle a mis à nu un riche terrain noir d'alluvion, d'une fécondité incomparable.

RESSOURCES DU KANSAS.

Les premiers habitants s'adonnaient presque exclusivement à l'élevage. A mesure que les facilités de communication se sont accrues, ils ont ajouté la culture à l'élevage. A l'heure actuelle ils portent toute leur activité à créer des manufactures, de façon à tirer le meilleur parti possible des produits agricoles et des ressources minéralogiques de leur pays.

AGRICULTURE.

Par sa position au centre des États-Unis, loin de l'extrême Nord et de l'extrême Sud, le Kansas jouit d'un climat, qui lui permet les cultures des zones tempérées. Il produit le froment, le seigle, l'orge, l'avoine, le maïs, surtout le maïs, le coton, la canne à sucre, les pommes-de-terre, les patates, les fourrages, les fruits, le tabac, les racines et les légumes de toute sorte. La vigne y réussit admirablement : (on en trouve partout, dans les bois, à l'état sauvage), et le vin qu'elle produit est d'une qualité supérieure.

Les cultures les plus importantes sont celles du froment et du maïs. L'un étant ensemencé à l'automne, l'autre au printemps, un homme, avec un bon attelage, peut suffire à l'exploitation de 70 à 80 acres.

Certains s'adonnent à des spécialités. On rencontre, principalement dans la partie Est de l'État, des vergers de 40, 50 et jusqu'à 100 acres. On cite aussi des champs de pommes-de-terre et quelques vignes d'une semblable étendue.

Des jardiniers s'établissent, chaque année, autour des villes. Les légumes, surtout les primeurs, sont très recherchés et rapportent ordinairement un prix plus élevé qu'en France.

Il serait trop long d'entrer dans le détail des procédés de culture. Il suffira de dire que l'outillage de l'agriculteur (*farmer*) américain est d'une grande perfection. Lui-même a les idées larges, il est dégagé de l'esprit de routine et les machines qu'il emploie, tout en facilitant son travail, en décuplent la puissance.

Le sol est si riche, il est en culture depuis un si petit nombre d'années, que jusqu'ici le besoin de fumure ne s'est pas fait sentir.

On tend, de plus en plus, à propager sérieusement les fourrages artificiels, qui donnent un rendement supérieur à celui de l'herbe de prairie. En vue de les produire sur une vaste échelle, de riches compagnies de capitalistes ont fait creuser dernièrement, dans la partie occidentale de l'État, des canaux qui permettent d'irriguer des millions d'acres.

ÉLEVAGE.

On a vu, par les chiffres extraits du rapport du Gouverneur, la liste des principales espèces d'animaux domestiques dont on fait l'élevage. Chaque cultivateur en élève plus ou moins, dans le but de tirer parti de ses pailles et fourrages ; mais pour certains l'élevage est la principale branche d'exploitation, ils ne font de culture que ce qui est indispensable pour l'hivernage de leurs animaux. Et même, à l'origine, lorsque le pays était moins peuplé, on laissait aux bêtes à cornes le soin de pourvoir elles-mêmes à leur nourriture d'hiver. Cela se pratique encore ainsi, dans d'autres États.

Quelle que soit la catégorie d'animaux à laquelle il consacre ses soins, qu'il choisisse les chevaux, les bœufs, les moutons, les porcs, ou simplement la volaille, l'éleveur américain s'attache aux belles races. Il n'épargne aucune dépense pour s'assurer la possession de reproducteurs de race pure, lors même qu'il faille aller les chercher en Europe, et il travaille toujours à l'amélioration de son troupeau.

L'élevage le plus commun est celui des bêtes à cornes, combiné avec celui des porcs. Il se fait de la façon suivante : L'éleveur possède plusieurs centaines ou plusieurs milliers d'acres de pâture, entourés d'une clôture en fil de fer à piquants, traversés par un ou plusieurs cours d'eau. Il y enferme les animaux au début du printemps, pour ne les retirer qu'à l'entrée de l'hiver. Tout son travail consiste à leur donner du sel et à monter à cheval, de temps en temps, pour faire l'inspection des bêtes et des clôtures.

Lorsque les animaux ne sont pas sous clôture, ils sont gardés par des hommes à cheval qu'on nomme *cowboy*; un seul suffit pour 500 ou 600 têtes.

Dès que l'hiver arrive, le troupeau est ramené dans le voisinage de l'habitation, où l'éleveur a clôturé quelques acres, ordinairement dans une partie boisée et pourvue d'eau. Chaque jour un homme amène une voiture, en forme de vaste cage, pleine de foin ou de paille et remplit des crêches dressées en plein air, aux places les mieux abritées contre les vents froids. Un seul ouvrier suffit pour soigner 250 à 300 têtes.

Voilà pour le gros du troupeau.

Il y a des privilégiés : Ce sont les bœufs qui atteignent leur troisième année. Ceux-là sont enfermés dans une clôture séparée, toujours en plein air. Ils sont engraissés au maïs. A cet effet, un grenier à claire-voie est construit au centre de la clôture. Des mangeoires, en forme de tables longues, à rebords, sont établies tout autour et tenues constamment pleines de grain. Les bœufs soumis à ce régime ne tardent pas à devenir énormes et les débris de leurs festins servent à engraisser un nombre double de cochons.

Tous les Européens sont frappés de la douceur des animaux du Kansas. Ils sont rarement vicieux et méchants. Des étrangers peuvent se promener au milieu d'un troupeau sans que jamais un taureau cherche à les attaquer.

ÉCOULEMENT DES PRODUITS.

Aussitôt que les animaux sont gras on les enferme dans des wagons, qui sont de véritables écuries de luxe ambulantes (*palace stok car*), à raison d'une vingtaine de bœufs ou d'une soixantaine de cochons, par wagon, et on les expédie aux marchés de l'Est.

Le principal marché du Kansas est Kansas City, une ville de plus de 220 mille habitants, fondée vers 1866, à cheval sur la rivière Kansas, partie dans l'État du Kansas et partie dans l'État du Missouri.

Les animaux sont débarqués au *stock yard*, immense parc, coupé de rues, à fleur de terre, pour la circulation des bêtes et de trottoirs, avec balustrade, à la hauteur de trois mètres, pour la circulation des vendeurs et des acheteurs. La vente a lieu au cours public, par des commissionnaires et le cours est publié chaque jour, par les journaux.

Une partie des animaux est égorgée à Kansas city même, dans de gigantesques abattoirs, où les viandes sont salées ou mises en conserve. Les autres s'acheminent vers Chicago et New-York, d'où souvent ils prennent ensuite la route d'Europe.

C'est également à Kansas City qu'on expédie les divers produits du pays, qui ne sont pas consommés sur place. La vente a lieu, de même, au cours public et au comptant.

Toutefois il se crée dans l'intérieur de l'État des centres qui visent à disputer, un jour ou l'autre, à Kansas City, le monopole du marché.

INDUSTRIES, MINES.

Une contrée apte, par son climat, à produire les cultures les plus variées, qui élève des millions d'animaux, qui occupe le centre d'un vaste continent, qui est sillonnée de chemins de fer et qui possède une population pleine de confiance et douée à un si haut degré d'énergie et d'esprit d'entreprise, doit nécessairement aspirer à devenir une contrée industrielle. C'est vers cet objectif qu'elle porte actuellement tous ses efforts. Chaque ville s'impose volontairement des sacrifices, accorde des subsides, au besoin, pour attirer des manufactures et pour fouiller les entrailles du sol, à de grandes profondeurs, afin d'en exploiter les richesses.

C'est ainsi qu'on a trouvé des mines de charbon, de zinc, le gaz naturel et tout récemment, dans les plaines du centre, un vaste gisement de sel pur.

Des Compagnies fondées par des capitalistes de l'Est, au capital de plusieurs millions de francs, ont entrepris, sur divers points, l'exploitation de ce sel, par les procédés les plus scientifiques, et, de la seule ville d'Hutchinson, il s'expédie, tous les jours, 2,000 barils de sel en poudre, à destination de toutes parties des États-Unis. ([1])

Il s'est établi dans le Kansas, en 1888, quatre usines pour la fabrication du sucre de sorgho. L'État accorde une prime de 10 centimes, par livre, pour encourager cette fabrication. Les bons résultats obtenus, font

---

(1) Voir le Message du Gouverneur Humphrey aux Chambres du Kansas, du 16 janvier 1889.

prévoir le prochain établissemént d'un grand nombre de semblables usines et le développement de la culture de la canne à sucre.

Il s'est fondé également, dans un grand nombre de localités, en 1887 et en 1888, beaucoup de fabriques de conserves, pour tirer parti des fruits et des légumes qui excèdent la consommation locale. Mais combien d'objets entrent dans le Kansas, manufacturés au dehors, qui pourraient se manufacturer avantageusement dans cet État central et rayonner ensuite vers ceux qui l'entourent!

Quelle économie résulterait de la manufacture sur place de la laine, de la soie, des cuirs, des savons, des pâtes alimentaires, de l'amidon, du papier, du verre, de la chaux, du ciment, des couleurs, de la poterie, des articles de Paris, etc., etc., et quelle source de profits pour les premiers qui introduiront ces industries dans le pays!

L'État, avons-nous dit, est arrosé par de nombreux cours d'eau, et comme il existe une différence de niveau de 800 mètres environ entre ses points extrêmes, on comprendra facilement tout le parti qu'on peut tirer de cette situation, pour créer des forces motrices et établir des usines.

AUTRES RESSOURCES.

Dans un pays qui se développe avec tant de rapidité et où, chaque année, voit éclore de nouvelles villes, le propriétaire se trouve être involontairement un spéculateur. L'augmentation de valeur de la propriété suit, on le comprendra aisément, le développement du pays. Il n'est pas rare de voir incorporer dans une ville une ferme qui s'en trouvait éloignée, l'année précédente, de 2 ou 3 kilomètres. Dans ce cas, la valeur du terrain augmente, dans des proportions fabuleuses. Le hasard fait ainsi plus d'un millionnaire.

Une surprise analogue, se trouve souvent réservée à ceux qui possèdent des lots à bâtir, dans une ville. Il n'y a probablement pas de ville, dans le Kansas, qui n'ait étendu ses limites, du double ou du triple, au moins, dans les deux ou trois dernières années, et dont les lots n'aient augmenté de valeur, du double au centuple, suivant les cas.

Le commerce, la banque, les prêts à intérêt, forment autant de branches profitables. On peut faire des placements hypothécaires au taux de 6 à 10 pour cent. La limite légale du taux de l'intérêt est même actuellement de 12 pour cent, mais, au moment où nous écrivons, les Chambres adoptent un projet de loi, qui a pour but de restreindre, à l'avenir, ce taux à 10 pour cent.

Avant de terminer le chapitre des ressources qu'offre le Kansas, disons un mot de la chasse et de la pêche :

Le buffle a non-seulement disparu du Kansas, mais il n'en reste pour ainsi dire plus, dans les États-Unis. Le cerf, le chevreuil, l'antilope ont également fait place aux animaux domestiques. Le dindon sauvage, qu'il faut manger à genoux, a dit Brillat Savarin, et qui était autrefois si commun, s'est réfugié dans le Territoire Indien, où les amateurs vont, de temps en temps, lui faire la chasse.

Il ne reste maintenant, en fait de gibier, que le lièvre, le lapin, la poule de prairie, de la famille des outardes, et le colin de Virginie, qui tient le milieu entre la caille et la perdrix. Mais les oiseaux de passage abondent. Au printemps et en automne, on voit passer de nombreuses bandes d'oies ou de canards sauvages, en longues files droites ou triangulaires et ceux qui habitent à proximité d'un cours d'eau, d'un lac ou d'une simple mare, ont l'occasion d'en abattre par centaines. Les bécasses, les bécassines, les pluviers, les sarcelles, les grives, etc., séjournent quelque temps dans le pays. Les tourterelles y passent l'été.

Quant aux poissons, les rivières en sont abondamment pourvues. Outre les variétés communes en Europe, introduites par la pisciculture, on pêche d'énormes et délicieux poissons, originaires du pays.

Des lois, édictées en vue de la conservation du gibier et du poisson, fixent les époques où la chasse et la pêche sont autorisées, mais tout le monde peut chasser sans permis.

Les fusils américains sont très perfectionnés. Ils se chargent par la culasse et sont à percussion centrale. Leur prix n'est pas plus élevé qu'en France ; la poudre dont le commerce est libre est au contraire bien meilleur marché.

CLIMAT.

De Tocqueville a dit que "le climat de l'Union est, à tout prendre, préférable à celui de l'Europe." Or, le Kansas a la réputation, dans les États-Unis, d'être l'un des États dont le climat est le plus agréable et le plus sain. L'atmosphère n'y est pas chargée d'humidité comme dans les pays boisés et montagneux, aussi on y est peu sujet aux rhumes, aux fluxions de poitrine et aux rhumatismes.

Les hivers ne commencent guère que vers le 15 décembre. Ils sont tantôt plus doux qu'en France, tantôt plus rigoureux. Ordinairement, deux ou trois fois, dans le cours de l'hiver, le vent du Nord souffle avec violence, et la température baisse jusqu'à — 20 et 25 degrés centigrades. C'est ce qu'on nomme un blizard. Les rivières gèlent alors, à de grandse profondeurs, ce qui permet d'emmagasiner de la glace, pour la saison d'été. Chaque ville a, au moins, une glacière. Les Américains sont très friands de glace et c'est pour eux un grand désappointement, lorsque l'hiver se passe sans blizard.

L'été, le thermomètre monte aussi plus haut qu'en France, mais il règne presque toujours une brise ou un vent qui rafraîchissent les travailleurs. On les utilise pour établir des moulins à vent. Dans toute ferme un peu importante, un de ces moulins, d'une construction légère et élégante, surmonte chaque puits et le transforme en une fontaine.

Excepté les jours de pluie, on ne voit guère de nuages. de sorte qu'on jouit, presque toujours, d'un ciel pur et d'un beau soleil.

Les inondations sont rares et ne font jamais de dégats sérieux, à cause de l'encaissement des cours d'eau.

Quant aux tremblements de terre, on n'en a jamais ressenti au Kansas.

Il nous reste à noter un phénomène que chacun a observé et qui est signalé dans les rapports de la Commission d'Agriculture, c'est que le climat se modifie avantageusement, d'année en année, sous l'influence de la culture et des plantations.

HABITANTS DU KANSAS.

La première remarque à faire, c'est, qu'à la différence de ce qui a lieu pour les colonies européennes d'Asie ou d'Afrique, il n'existe au Kansas, aucune population vaincue, se révoltant ; par conséquent les cultivateurs qui s'y établissent jouissent d'une sécurité absolue.

Les quelques milliers d'Indiens qui restent encore dans les États-Unis, sont localisés dans le Territoire Indien, où le Gouvernement Fédéral leur ait distribuer, tous les ans, des vivres et des vêtements. Il n'y a pas d'exemple d'Indiens, ayant attenté à la vie d'habitants du Kansas, et les villes qui longent la frontière, doivent leur prospérité au commerce qu'elles ont avec eux.

Nous avons dit que le plus grand nombre des habitants du Kansas, venait des autres États de l'Union. Les Européens se mêlent vite et facilement avec eux ; mais ceux de même nationalité, ont des tendances à se grouper. Ainsi les plus anciens initient, sans transition brusque, les nouveaux-venus, aux mœurs. aux usages, à la langue du pays, et ils leur aplanissent les difficultés du début, dans une contrée nouvelle. En même temps le contact d'un grand nombre de compatriotes leur présente, dans la nouvelle patrie, une image de l'ancienne.

Il y a des Français, Alsaciens-Lorrains, Belges ou Suisses, parlant français, dans tous les comtés du Kansas, mais il y a certains comtés où ils sont groupés en colonie importante, où ils ont des réunions. des associations, et où ils célèbrent tous les ans, avec plus ou moins de solennité, leur fête nationale.

SYSTÈME POLITIQUE.

Personne n'ignore que la langue qu'on parle, aux États-Unis, est la langue anglaise.

Tout le monde sait également que la forme de Gouvernement est la forme républicaine, et qu'elle est universellement acceptée.

Deux grands partis se disputent le pouvoir: le parti républicain, proprement dit, et le parti démocrate. Les questions qui les divisent n'étant pas fondamentales, mais principalement d'ordre économique, la lutte, quelque vive qu'elle soit, en temps d'élection, ne laisse pas d'animosité profonde. Le parti vaincu accepte sa défaite, avec beaucoup de résignation, dans l'espoir de prendre sa revanche aux élections suivantes.

Pendant la période électorale, chaque parti organise des conférences, des réunions, pour exposer son programme, fournissant ainsi aux électeurs l'occasion de s'éclairer sur le mérite de chaque opinion. Chaque localité possède une vaste salle, pourvue d'une scène, qui sert à la fois, à ces *meetings*, à toutes sortes d'autres réunions et aux représentations théâtrales des amateurs, ou des nombreuses troupes ambulantes qui parcourent les États-Unis.

Un fait digne de remarque c'est que les nouveaux-venus, même les plus exaltés dans leur pays, dans les luttes politiques, sociales ou religieuses, deviennent calmes et modérés. Il leur semble qu'ils voyaient auparavant les choses à travers un verre grossissant et ils sont tout surpris de l'influence qu'a un changement de milieu, pour l'apaisement des passions de cette nature.

LOIS, MŒURS, COUTUMES, GENRE DE CONSTRUCTIONS, VÊTEMENTS, Etc.

Les lois sont imprégnées de l'esprit démocratique. Elles consacrent l'égalité absolue entre les citoyens et les mœurs sont en cela d'accord avec les lois.

Les États-Unis ne connaissent pas la centralisation administrative. Les fonctionnaires publics sont élus, ceux de l'Etat, par tous les électeurs, ceux du comté par les électeurs du comté, et ceux de la commune par les électeurs de la commune. Il n'y a aucun lien, aucune dépendance entre les divers élus. Les juges tiennent aussi leurs pouvoirs de l'élection.

Bien que chaque Etat constitue une République distincte, il y a une grande uniformité de lois et de mœurs, dans tous les Etats de l Union ; cela tient à la grande facilité avec laquelle les Américains se déplacent et portent leur domicile d un point à un autre de leur vaste continent.

Il ne faudrait donc pas croire qu'un Etat, plus récemment organisé, est inférieur en civilisation, à celui qui date de plus d'un siècle. Un peu de réflexion démontrera que c'est précisément le contraire qui est vrai, toute paradoxale que cette idée puisse paraître, au premier abord. Il faut se rappeler, en effet, qu'on a affaire, non pas à une population indigène, plus ou moins rétive au progrès, mais à une population éclairée, libérale, aux idées larges, affamée de bien-être et avide de mettre en pratique toutes les découvertes de la science moderne.

Le Kansas est une création de la génération actuelle. Cette génération a l orgueil de son œuvre. Elle se glorifie de ne rien devoir aux générations passées. Elle taillait dans le neuf et elle a procédé selon les méthodes contemporaines. Elle estime, avec raison, que le pays qu elle a organisé, a la même supériorité, sur ceux organisés précédemment, qu aurait un navire construit de nos jours, sur celui dont la construction remonterait à plusieurs années.

Les villes sont des carrés ou des rectangles coupés régulièrement, par des rues droites, s'orientant dans la direction des points cardinaux. La rue centrale est affectée au commerce ; elle renferme les magasins. Les habitations privées sont situées dans les rues adjacentes. Dans les rues du commerce les maisons se joignent, comme en Europe, tandis que les habitations particulières sont situées au centre d'un ou plusieurs lots, laissant tout autour une cour, un jardin ou une pelouse. L'extrémité du lot est affectée aux écuries et aux dépendances et aboutit à une large ruelle. Les voisins sont séparés ordinairement par de petites clôtures à claire-voie.

La largeur des rues varie de 25 à 35 mètres. Outre la chaussée, chacune a un trottoir, pour les piétons, de 4 à 5 mètres de large. Le centre du trottoir est dallé et dans les villes un peu importantes, les côtés sont gazonnés et plantés d'arbres.

Les maisons sont construites tantôt en pierres, tantôt en briques, souvent en planches, surtout dans les débuts. Le bois se prête très-bien à l'architecture ; il faut avoir vu les élégantes constructions du Kansas, pour s'en rendre compte. Ces maisons sont recouvertes d'une couche de peinture à l'huile, dont la couleur varie, suivant le goût du propriétaire, de sorte qu'elles présentent à l'œil un aspect charmant.

Pour donner une idée de ces genres de constructions nous donnons ci-contre le dessin d'une maison d'habitation en bois.

Habitation de M. Hicks de Topeka.

Il y a actuellement, dans le Kansas, 107 villes de 1,000 à 35,000 habitants, dont quelques-unes n'ont pas plus de 3 ou 4 ans d'existence. La plupart sont éclairées à la lumière électrique, desservies par des tramways, elles possèdent un ou plusieurs chemins de fer, le télégraphe, le téléphone, des salles de théâtre, un service hydraulique, et un champ de course.

Les hôtels sont généralement de vastes constructions luxueuses, comprenant à l'entrée, une grande salle, où, non-seulement les voyageurs, mais quelquefois les gens de la ville, se réunissent pour causer, fumer, lire les journaux et faire leur correspondance. Elles offrent quelques points de ressemblance avec les cafés de France, mais elles diffèrent d'eux en ce qu'on n'y boit pas. Les escaliers, les corridors et les chambres sont couverts de tapis. Chaque appartement est chauffé par un calorifère, éclairé au gaz ou à l'électricité et pourvu d'une sonnerie électrique. Chaque hôtel a un salon pour les dames ou pour les familles, et dans les principaux les différents étages sont desservis par un ascenseur. La cuisine française est très appréciée et on recherche les cuisiniers français.

On a vu précédemment que le terrain dans la campagne est divisé en carrés. Un quart de section a 804 mètres 50 centimètres de côté. Quand un cultivateur a fait choix de son domaine, il établit ses bâtiments au centre de sa propriété, il ne gêne aucun voisin, et n'est gêné de personne ; il vit chez lui, entouré de sa famille et de ses animaux, dans la plus grande indépendance.

En France, la population rurale habite des villages, autour desquels les champs sont disséminés. Au Kansas, au contraire, chacun vit sur sa ferme et toute la campagne est couverte d'habitations. Les villes situées à des distances raisonnables, l'une de l'autre, renferment la population commerçante, les artisans, les ouvriers des usines, et les gens engagés dans des professions libérales. Quant aux rentiers, il n'y en a guère, tout le monde a une occupation et travaille plus ou moins.

Les parents ne spéculent jamais sur le travail de leurs enfants, ni ces derniers, sur la fortune de leurs parents. Chacun a confiance en lui-même et est jaloux d'être l'auteur de sa propre fortune. Les jeunes gens se marient de bonne heure, et ce mariage est presque toujours la consécration d'un premier amour, qui n'a pas connu d'entraves. Ils ne reçoivent aucune dot, aussi la question de fortune, n'entre guère dans leur préoccupations ; quant aux parents, ils interviennent rarement, pour contrarier le choix de leurs enfants.

Si humble que soit le point de départ du cultivateur américain, lorsqu'il se voit à la tête d'une vaste propriété et de troupeaux qui augmentent chaque année, il éprouve un sentiment de confiance en l'avenir, qui le rassure, pour lui et pour les siens. Aussi il ne ressent pas le besoin de l'épargne comme le cultivateur Européen, dont l'horizon est plus limité ; il vit plus largement, procure plus de distractions à sa famille et laisse perdre beaucoup plus de choses.

Un rapport émanant d'une Commission Parlementaire Anglaise, envoyée aux Etats-Unis, en 1879, pour y étudier les conditions de l'agriculture, signale dans les termes suivants, cette prodigalité, fruit de l'abondance : (¹)

. " La viande gâchée et perdue en Angleterre, pendant un mois, dit le
" rapport, ferait vivre la nation française pendant un jour ; une telle
" remarque pourrait s'appliquer à l'Amérique, dans une proportion dix
" fois plus grande. De tous les pays, c'est le pays du gâchage par
" excellence, dans tous les articles nécessaires à la vie."

L'amour du confortable et du luxe est révélé par le seul aspect d'un intérieur de maison. On trouverait difficilement, au Kansas, une maison dont un appartement, au moins, ne soit recouvert de tapis et fourni de fauteuils, canapé, berceuse et autres meubles, dont la possession semble, en Europe, réservée aux classes riches. Il n'est pas rare de trouver un piano ou un orgue dans la maison d'un simple ouvrier.

Dans les villes aussi bien que dans les fermes, il est d'usage de faire trois repas, d'une égale importance, le premier au point du jour, le deuxième à midi et le troisième à la tombée de la nuit. La soupe, si

---

(1) Ce rapport a été traduit et distribué en France en 1881, par les soins de la Société des Agriculteurs.

chère aux Français, est à peu près inconnue dans les ménages américains, en revanche, la pâtisserie et les confitures jouent un grand rôle, dans l'alimentation. La seule farine qu'on emploie est la farine de froment. Les boissons, pendant les repas, sont le thé, le café, l'eau ou le lait que les Français remplacent plus volontiers par le vin, dans leurs familles.

Les habitants du Kansas ayant eu la prétention de fonder un Etat modèle, non-seulement au point de vue du bien-être physique, mais aussi au point de vue moral, ils ont eu à se prononcer sur une question qui préoccupe aujourd'hui, tous les États civilisés : celle de l'alcoolisme. Ils ont édicté à ce sujet une loi sévère, dans l'espoir de préserver leur pays d'un fléau qui fait tant de ravages dans notre siècle.

Les vêtements sont les mêmes pour tout le monde, quant à la forme : on porte la redingote et la jaquette ; la blouse est tout à fait inconnue. Il n'y a de différence qu'entre la valeur des étoffes.

Les femmes sont toutes, absolument toutes, mises comme les femmes de la classe aisée en France. Elles portent des chapeaux, à l'exclusion du bonnet. Toutes ont une certaine gravité dans leurs manières. Elles sont traitées avec le plus grand respect, aussi les jeunes filles voyagent seules. Elles se sentent en sécurité et sont tout à fait à leur aise, dans n'importe quelle rencontre.

Ce respect, cette déférence pour le sexe faible, ne sont pas seulement extérieurs et de pure forme. On en constate l'existence jusque dans les relations du ménage et dans la division du travail. Ainsi l'Américain réserve pour lui seul tous les travaux pénibles, il épargne à sa femme le souci des affaires et il ne supporterait pas qu'elle l'aidât dans les travaux du dehors. Cette dernière se montre reconnaissante des attentions de son mari pour elle, en lui embellissant son intérieur de mille manières, notamment en le décorant de fleurs naturelles. qu'elle élève en toutes saisons.

Il n'y a aucune différence extérieure entre les riches et les pauvres. Une égalité vraie existe entre tous. Il n'y a pas de classe supérieure, ni de classe inférieure, pas de salutations, pas de marques extérieures de respect ou d'humilité d'un homme envers un autre homme, il n'y a qu'une seule classe et cette classe est l'analogue de la bourgeoisie en France.

Il y a assurément des différences d'intelligence et d'instruction entre les divers habitants du Kansas, mais presque tous possèdent une instruction suffisante pour exercer n'importe quelle fonction. Les Américains ne s'attachent pas, d'ailleurs, à une profession déterminée : Tel est juge aujourd'hui qui sera cultivateur demain et commerçant l'année suivante. En général le même homme est apte à exercer plusieurs métiers. Les exemples de gens partis de très bas et arrivés très haut sont très fréquents et les débuts obscurs d'un certain nombre de leurs Présidents, sont un sujet d'orgueil pour les Américains.

Les journaux sont très répandus. Chaque ville en possède plusieurs ; ils sont quotidiens ou hebdomadaires, selon son importance et il serait difficile de trouver un habitant qui n'en reçoive au moins un.

Toute ville qui se fonde débute par un journal. Les fondations de ville sont des entreprises privées, règlées par des lois très simples, en dehors de toute intervention gouvernementale. Une fois l'emplacement choisi on voit arriver simultanément, de points divers, par le seul fait de la publicité, le personnel indispensable : marchands, banquiers, médecins, notaires, avocats, artisans, etc., se présentent comme par enchantement. On comprend que les carrières ne soient pas encombrées, comme en Europe, lorsque les débutants voient s'ouvrir, devant eux, un champ d'exploitation, où ils n'ont à disputer la place à personne.

Il existe dans le Kansas, en 1889, 796 publications périodiques, pour une population de 1,651,000 habitants, non compris les 185,034 habitants de la partie de la ville de Kansas City qui est dans l'Etat du Missouri.

Les affaires se traitent grandement et sans finasserie. Il n'y a pas de foires, mais, comme nous l'avons dit plus haut, des marchés publics, et, pour les ventes privées, on prend, pour base, le cours de la veille. On part du principe que chacun travaille au mieux de ses intérêts ; aussi il n'y a pas de susceptibilité dans les affaires. Chacun prend ses précautions comme il l'entend et l'homme le mieux établi, lorsqu'il emprunte, offre lui-même, des garanties qui donnent toute sécurité au prêteur.

Il n'existe pas de grandes routes nationales ; les chemins de fer sont trop nombreux pour que le besoin s'en fasse sentir, mais chaque section de terre (*voir page 9*) est séparée de la voisine par une route d'une vingtaine de mètres de large, dont chaque riverain fournit la moitié. Quelque fois les propriétés sont closes de haies qui limitent la route, et, si la campagne était vue d'une hauteur, elle présenterait l'aspect d'un vaste échiquier.

SÉCURITÉ, CRIMES ET DÉLITS.

Nous avons déjà fourni, au sujet du voisinage du Territoire Indien, des explications de nature à dissiper toute appréhension de ce chef.

Aucune révolution intérieure n'est à redouter, car la race qui domine, dans le pays, est d'une nature très calme ; en second lieu les lois sont faites par la majorité et sont susceptibles d'être modifiées par elle. D'ailleurs les agitations sociales qui s'expliquent dans les pays, où l'espace manque pour le développement des individus, paraissent impossibles dans des pays immenses et relativement peu peuplés, où chacun trouve aisément à se caser et n'a pas à rêver de démolitions pour se faire une place. Ceux qui se trouvent à l'étroit essaiment vers l'Ouest.

Quant à la sécurité extérieure, elle est assurée par ce fait que les Américains ont leurs frontières parfaitement délimitées, qu'ils ont peu de voisins, qu'ils sont trop puissants pour avoir rien à craindre de leur part et qu'ils sont d'ailleurs très pacifiques.

La situation, à cet égard, se trouve admirablement définie dans un discours prononcé à Paris le 31 octobre 1888, par M. Goblet, ministre des affaires étrangères, dans une réunion franco-américaine. Nous lui empruntons les lignes suivantes :

" Plus heureux que les Français, dit-il, en parlant des Américains, vous
" n'avez pas à compter avec des voisins redoutables. Libres et en sûreté
" dans votre vaste continent, vous réduisez, chaque année, votre dette,
" tandis que se développe incessamment le prodigieux essor de votre
" richesse et de votre prospérité.
" Heureuse l'Amérique, car elle n'a pas à se prémunir contre les dan-
" gers extérieurs, et si, comme il convient à un peuple libre, les partis
" s'y disputent le pouvoir, elle n'est pas obligée, comme nous, de défen-
" dre contre les ennemis intérieurs le principe même de ses institutions.
" Nous la saluons, non sans lui porter envie, mais d'un cœur sincère."

Comme conséquence de cette sécurité, les Etats-Unis n'ont pas d'armée permanente. Ils n'ont que 25,000 hommes de troupes régulières, qui se recrutent par engagement volontaire, à peu près comme la gendarmerie en France. Ainsi donc pas de conscription, qui entrave la carrière d'un jeune homme, précisément à son début et qui l'arrache à l'affection des siens. Le père de famille a la joie de retenir tous ses fils autour de lui et s'ils le quittent c'est pour rester ses voisins et pour devenir, eux aussi, chefs de famille.

En dehors de cette armée dont le Président des Etats-Unis est le chef suprême, chaque Etat possède une milice, espèce de garde nationale, composée aussi de volontaires. Le Kansas en possède 5 régiments. Les hommes, qui entrent dans la milice, contractent un engagement de 5 ans ; ils ont un appel par compagnie, suivi de manœuvres, tous les mois et chaque année a lieu, en septembre une mobilisation du régiment qui dure 30 jours. Les armes et l'équipement sont fournis par le Gouvernement Fédéral.

Cette milice est sous les ordres directs du Gouverneur de l'Etat. En temps de paix, elle est convoquée pour maintenir l'ordre, en cas de nécessité, et en temps de guerre, elle est envoyée à la frontière, en même temps que le Président des Etats-Unis fait appel à un nouveau ban de volontaires.

Les fonctionnaires chargés de veiller sur la paix publique et de constater les crimes et délits sont le *shérif* pour le comté tout entier et les *constables* pour la commune. Dans les petites villes la police est faite par un *marshal* et dans les villes plus importantes par des *policemen* dont le choix appartient au maire.

Les crimes et les délits sont, dans le Kansas, au-dessous de la moyenne, car ses habitants ont un grand respect pour la loi. La moyenne des crimes n'est que de 1.30 pour cent tandis qu'elle est de 1.49 pour tous les Etats-Unis, d'après le dernier recensement décennal.

Les vols sont rares. Le cultivateur n'a pas l'habitude de fermer sa porte à clef la nuit, bien qu'il soit isolé dans la campagne. Il laisse fréquemment ses outils traîner dans sa cour et s'il les abandonne au loin, dans les champs, après le travail fini, il les retrouve toujours fidèlement à la même place.

Dans les villes, les devantures de magasin ne sont protégées, la nuit, que par de simples vitres, quoique l'habitation du négociant soit toujours dans une autre rue que son magasin.

Voilà pour la sécurité résultant du fait des hommes. Quant aux bêtes il n'en existe pour ainsi dire pas de malfaisantes, au Kansas. En fait de carnassiers, on y rencontre, quoique très rarement, un loup de petite taille, ou plutôt un chien sauvage (*coyote*), qui paraît vivre exclusivement de gibier et ne s'attaque ni à l'homme ni aux animaux domestiques.

Il y a plusieurs variétés de reptiles. La taille des plus gros ne dépasse pas celle des couleuvres, en France. Deux espèces sont venimeuses: la vipère et le serpent à sonnette ; toutefois il est très rare qu'on ait à signales des accidents dûs à leurs morsures.

RELIGIONS.

Tous les cultes sont libres, au Kansas ; aucun n'est salarié par l'Etat. Les seuls qu on y pratique sont le culte catholique et le culte protestant, ce dernier se subdivisant en plusieurs congrégations.

L'esprit d'initiative et de coopération est tellement développé chez les Américains que, dès qu'ils fondent une ville, ils savent s'imposer de suite, les sacrifices nécessaires pour bâtir leurs églises et salarier leurs ministres, afin de satisfaire leurs besoins religieux. Et leur tolérance est si grande, que les fonds dont ils ont besoin pour la construction d'une église sont souscrits indistinctement, par tous les habitants, à quelque culte qu ils appartiennent.

Église Presbytérienne.

Église Méthodiste.

MODÈLES D'ÉGLISES AU KANSAS.

Aussi plus d'un prêtre catholique se plaît à raconter qu'il surnomme son église : l'église protestante, parce qu'ayant voulu la fonder dans une localité où il y avait peu de fidèles, les protestants lui ont fourni volontairement presque tous les fonds nécessaires.

ÉCOLES.

L'instruction est très répandue aux Etats-Unis et le Kansas se pique d'être l'Etat qui a les plus belles écoles. Il est certain que lorsqu'on voyage à travers cet Etat, on est frappé de la beauté, du confortable et même du luxe des bâtiments scolaires. Le choix de l'emplacement fait encore valoir le bâtiment. Dans les villes, on choisit, autant que possible, un site élevé, pour avoir l'air pur et un bon drainage et le terrain qui entoure l'école est aussitôt planté d'arbres.

Chaque commune est divisée en districts scolaires, au centre desquels s'élève, en dehors de toute habitation, un bâtiment d'un style à peu près uniforme, où se rendent tous les élèves du district.

Les deux sexes fréquentent la même école. L'instituteur ou l'institutrice sont choisis, pour la durée du terme scolaire, ordinairement 7 ou 8 mois, par une commission composée de pères de famille. Le salaire moyen des instituteurs est de 41 dollars par mois et celui des institutrices de 33 dollars 65 cents.

L'instruction est gratuite, obligatoire . ——— Elle est dirigée dans un sens très pratique et tend à développer l'esprit d'initiative de l'élève. C'est à ce genre d'instruction que les Américains doivent leur amour de l'indépendance, leur confiance en eux-mêmes et leur jugement précoce. Les exercices sont variés, mêlés de chants et de récréations, de façon à ne pas fatiguer l'intelligence de l'élève et à ne pas nuire à son développement physique.

En outre des écoles primaires, l'enseignement spécial et l'enseignement supérieur sont donnés par diverses écoles construites et entretenues aux frais de l'Etat. Ce sont l'école normale, l'école d'agriculture, et l'université du Kansas, dont les lecteurs nous sauront gré de donner la reproduction.

L'Université est au sommet de l'édifice scolaire. Elle donne l'enseignement supérieur dans diverses branches : sciences, littérature et arts, droit, médecine, pharmacie, et musique.

L'État possède encore deux grandes écoles, dans lesquelles il fait donner gratuitement une instruction professionnelle aux sourds-muets et aux aveugles.

Enfin une école de correction (*reform school*) reçoit les enfants abandonnés, vagabonds ou incorrigibles.

En dehors des écoles publiques il existe un certain nombre d'institutions privées, qui donnent l'instruction secondaire.

VUE DE L'ÉCOLE NORMALE DE L'ÉTAT DU KANSAS.

VUE DU COLLÈGE AGRICOLE DE L'ÉTAT DU KANSAS.

Terminons ce chapitre en disant que le nombre des personnes qui ne savent ni lire ni écrire, dans le Kansas, est de 5.6 pour cent, que celui des personnes qui ne savent pas lire n'est que de 3.6 ; alors que la proportion des illettrés pour les États-Unis en général est de 17 pour cent dans le premier cas et de 13.4 dans le second cas.

BANQUES, INSTITUTIONS DE CRÉDIT, SOCIÉTÉS

DE PRÉVOYANCE, ETC.

La moindre ville du Kansas a au moins une banque, c'est-à-dire une institution de dépôt, de placements et de recouvrements. On en compte 738 dans l'État, d'après le dernier rapport de la Commission d'Agriculture.

Tous les Américains : depuis le dernier fermier, jusqu'au plus riche négociant, ont un compte-courant avec la banque. Ils ne gardent jamais leur argent chez eux et font rarement leurs paiements en nature. Chaque banquier fournit à ses clients un carnet de chèques à souche, en blanc, qui leur sert à tirer sur la banque, à chaque besoin de fonds. Eux-mêmes, font le dépôt des chèques qu'ils ont reçus en paiement. Chaque banque a un coffre-fort et un caveau voûté, avec porte en fer et serrure de sûreté où les valeurs sont enfermées, à l'abri du feu et des voleurs.

Il existe, en outre, des Compagnies de prêt, qui servent d'intermédiaire entre les capitalistes de l'Est ou de l'Europe et les propriétaires du Kansas, pour des placements hypothécaires. La différence entre le taux stipulé par le prêteur et consenti par l'emprunteur, procure une large rémunération à ces Compagnies. Pour montrer les services qu'elles rendent, et, en même temps, la confiance que les terres du Kansas inspirent aux capitalistes, nous dirons que ceux qui prennent des terres du Gouvernement à titre de *préemption*, et qui ont, par conséquent, 1,000 francs à payer, trouvent à emprunter une somme double et même triple, en hypothéquant la terre elle-même.

Il nous reste à parler des Sociétés d'Assurance sur la vie, très nombreuses aux États-Unis. Il y a peu de personnes qui n'aient la prévoyance de s'assurer, en vue de laisser à leur famille, au moment de leur décès, un capital qui remplace le salaire quotidien. Généralement ces Sociétés pourvoient aussi aux frais de maladie de leurs membres ; d'autres assurent contre les accidents.

Les diverses Sociétés Françaises de bienfaisance des États-Unis se sont fédérées entr'elles, il y a 3 ans, de façon à former une Société unique d'assurance sur la vie. L'initiative de cette fédération a été prise par M. Lang, président de la Société de Secours Mutuels de Kansas City et a été définitivement consacrée par une réunion générale tenue à New-York en 1888.

Le Kansas n'a pas de pauvres, non pas que la misère y soit absolument inconnue, mais le comté ou la commune, viennent en aide au petit nombre de ceux qui ont succombé, dans la lutte pour l'existence.

Disons avec orgueil, qu'il résulte de déclarations faites récemment, devant les Chambres du Kansas, à propos de questions d'émigration, que les Français sont, de tous les étrangers, ceux qui recourent le moins à l'assistance publique.

L'État subventionne largement les différentes institutions privées qui ont pour but de venir en aide aux infirmités physiques, morales ou intellectuelles. Enfin il entretient un asile d'aliénés et une prison centrale (*pénitencier.*)

Il va sans dire qu'il existe des hôpitaux, dans les villes les plus importantes.

COMMENT ALLER AU KANSAS?

Si l'on se reporte à une trentaine d'années en arrière, un voyage d'Europe au Kansas, présentait des difficultes sans nombre. Cependant des Français, vivant encore dans l'État et que la fortune a récompensés depuis, n'ont pas hésité à l'entreprendre dès cette époque.

Il n'y avait pas alors de service régulier de paquebots, entre la France et les États-Unis. On s'embarquait en Angleterre. La traversée durait un mois, ou un mois et demi. Les chemins de fer partant de New-York, s'arrêtaient à St-Louis, de sorte qu'il restait à franchir une distance de 7 à 800 kilomètres, en chariot, à travers les bois ou la prairie, avec des routes à peine tracées. C'était un voyage de 3 ou 4 mois. Dix-huit jours étaient encore nécessaires il y a dix ans. En 1889, onze jours suffisent, pour franchir la distance qui sépare Paris, de Topeka, la capitale du Kansas.

La Compagnie Transatlantique a un service hebdomadaire du Havre à New-York, faisant la traversée en 7 jours et demi. Ses paquebots, construits d'hier, réunissent toutes les conditions de solidité, de confortable et même de luxe, pour rendre le voyage non-seulement sûr, mais encore agréable.

L'aménagement des wagons de chemins de fer américains ne le cède en rien, au point de vue du confortable, à celui des paquebots. Ils sont d'un modèle différent des wagons français. Tous sont uniformes et ils ne renferment qu'une seule classe. On y pénètre par l'extrémité et un couloir central permet de parcourir, non-seulement un wagon, mais le train entier, dans toute sa longueur. Les sièges, placés de chaque côté du couloir se prêtent à divers arrangements ingénieux, au gré des voyageurs. Chaque wagon a des lieux d'aisance et un lavabo; il est chauffé l'hiver, pourvu d'eau glacée l'été, et assez éclairé, la nuit, pour qu'on puisse lire de tous les points. Sur les grandes lignes, chaque train a des *sleeping cars*, où on peut se coucher la nuit et quelquefois un restaurant. Le trajet de New-York à Topeka se fait dans 60 heures.

Nous avons vu, dès le commencement de cette brochure, que le Kansas avait, au 1er janvier 1889, 9,698 milles de chemins de fer (soit 15.604 kilomètres). Depuis plusieurs années c'est l'État de l'Union qui construit annuellement le plus de voies ferrées. L'établissement des chemins de fer est, d'ailleurs, facile, dans un pays plat et découvert. Il y a peu d'ouvrages d'art et pas un seul tunnel dans toute l'étendue du Kansas.

RENSEIGNEMENTS DIVERS.

Prix des terres. Le prix des terrains appartenant à des particuliers, varie suivant leur qualité, leur proximité d'une ville, ou d'un chemin de fer, l'importance de la ville, les constructions et les plantations qu'ils renferment de 50 à 1,000 francs l'hectare.

Prix de ferme. Le fermage se paie ordinairement en nature. Le propriétaire reçoit un tiers ou moitié de la récolte, suivant l'espèce de culture, et selon qu'il fournit ou non la semence.

Prix des lots. Le prix d'un emplacement dans une ville varie suivant la situation et l'importance de la ville, au point qu'il serait difficile d'en donner une idée exacte. Il suffira de répéter que beaucoup de fortunes se font journellement, par le seul fait de la possession de lots judicieusement acquis. Ajoutons que les propriétaires trouvent dans ces placements, qu'ils ont sous les yeux, le meilleur moyen de faire fructifier leurs économies et qu'ils ne courent pas le risque de ceux qui, en Europe, confient leur épargne à des entreprises qui ne sont pas toujours sûres. Aussi presque tous les cultivateurs possèdent des lots de ville.

Prix des aliments. Voici le prix ordinaire des aliments, sauf quelques variations, suivant les saisons :

	Fr.	C.
Farine de froment, 1re qualité (pour gâteaux), les 100 livres	15	—
id. 2e qualité	12	—
id. 3e qualité	10	—
Viande : bœuf, mouton et porc, la livre, de 25 centimes à	0	60
Gibier : lièvre, la pièce	0	50
lapins, id.	0	25
poules de prairie, la pièce	1	—
canards sauvages, id.	1	—
Volailles, la douzaine	de 10 frs. à 15	—
Poisson, la livre	de 0 25 à 0	50
Beurre, la livre	0 50 à 1	25
Œufs, la douzaine	0 40 à 1	20
Sucre, la livre	0 30 à 0	45
Café, id.	— 1	—
Fromage, la livre	0 75 à 1	—
Raisin, id.	0 10 à 0	20
Vin en gros, le litre	0 60 à 0	75
Lait, le litre	0 30 à 0	40
Pommes-de-terre, le boisseau	2 — à 5	—
Pommes, le boisseau	1 50 à 5	—

Chauffage et Éclairage.

	Fr.	Fr.	C.
Bois, la corde, environ................................	10	———	
Charbon, la tonne....................................	de 10 à 30	—	
Pétrole, le litre.........	—	0 30	
Gazoline, id. ....,........	—	0 35	
Gaz, par mille pieds cubes........	—	7 50	

Électricité, 5 centimes l'heure.

Le prix des *vêtements* et des *chaussures* confectionnés est environ le même qu'en Europe, s'il n'est pas meilleur marché.

Le prix des *bois* nécessaires aux constructions est plus ou moins élevé, suivant la distance d'où il vient. Un débutant peut avoir une maison raisonnable, pour mille à deux mille francs et même moins. Les bois arrivent tout prêts de l'Est, ainsi que les portes et fenêtres. Deux hommes d'une adresse ordinaire peuvent édifier une maison dans une quinzaine de jours, sans être menuisiers.

Les constructions en pierres ou en briques exigent plus de temps, mais les matériaux sont bon marché.

Salaires.

	Fr.	Fr.	C.
Ouvriers de ferme, à l'année....................	de 750 à 1,000	—	
Jeunes garçons pour garder à cheval, par mois....	40 à 50	—	
Journaliers, par jour.............................	5 à 7	50	
Maçons, id.	10 à 15	—	
Menuisiers, id.	— 12	50	
Plâtriers, id.	— 12	50	
Maréchaux, charrons, par jour....................	— 10	—	
Cuisiniers, par mois.............................	300 à 500	—	

STATISTIQUES.

Nous renvoyons à la fin de ce travail, les tableaux de statistique que nous avons relevés dans le dernier rapport publié par la Commission d'Agriculture du Kansas.

OBSERVATIONS GÉNÉRALES.

Nous avons parlé précédemment des premiers *settlers* Français, et des difficultés qu'ils ont eu à surmonter, au début. Ils n'en sont que plus attachés à ce pays, et, lorsque, du milieu de l'aisance dans laquelle ils vivent aujourd'hui, ils reportent leur pensée vers ces années de luttes, ils éprouvent une âcre volupté, au souvenir de leurs aventures, qu'ils sont fiers de raconter. Pour rien au monde, ils ne voudraient effacer ces pages, du livre de leur existence passée.

Toutefois rien de pareil n'attend les nouveaux-venus. Qu'ils comprennent bien que la vie d'aventure est finie au Kansas. Que ceux que la lecture de ces quelques pages pourrait amener à y aller, ne pensent pas, non plus, qu'ils appartiennent à une société plus civilisée et qu'ils porteront là-bas la lumière et le progrès. De pareilles erreurs les exposeraient à des mécomptes.

Non, le progrès y existe, sous sa plus haute forme, mais ce qui manque, à cause de l'immensité des ressources et de l'ambition qu'on a de les exploiter tout de suite, ce qu'on peut apporter en toute confiance, ce sont des capitaux et des industries. En échange le Kansas donnera le bien-être, le confortable, l'indépendance, la sécurité et la vie de famille.

Les habitants du Kansas apprécient chez les Français, l'honnêteté, la franchise, l'amour du travail, la sobriété, le respect de la parole donnée, la souplesse d'esprit et la bonne humeur. Ils se rappellent que c'est à leur concours, que leurs pères doivent d'avoir conquis leur indépendance. Ils savent que les Français vivant, comme eux, sous des institutions républicaines, ont un amour égal au leur pour la liberté et qu'ils s'assimilent plus facilement à eux, que les peuples vivant sous d'autres régimes politiques.

Aussi ils accueilleront avec empressement, ceux qui, se trouvant trop à l'étroit, dans leur pays, sont à la recherche d'une contrée, où ils pourront donner plus librement carrière à leur activité.

Ceux-là pourront, pendant la durée de l'Exposition, s'adresser au représentant de l'État à Paris. Ce dernier est un de leurs compatriotes, domicilié au Kansas depuis 8 ans. Il leur fournira, soit par correspondance, soit verbalement, tous les renseignements complémentaires qu'ils jugeront utiles.

Il leur fera connaître les points particuliers de l'État, où ils pourront le plus avantageusement s'établir, selon ce qu'ils voudront entreprendre.

Ii leur indiquera les localités où Ils trouveront d'autres Français et les ren-
seignera sur les industries dont le pays a le plus besoin. Il pourra aussi
servir de trait d'union, entre ceux qui, désirant entreprendre le voyage,
de différentes parties de la France, préféreraient s'unir, pour le départ,
à d'autres compatriotes. Enfin on trouvera dans son bureau l'itinéraire
à suivre et des renseignements sur le prix du voyage et le change de l'argent français en monnaie américaine.

Nous ne pensons pas, qu'aucun État de l'Union, ait encore jamais eu
l'idée de mettre une pareille agence offficielle de renseignements, à la por-
tée du public français. Nous sommes sûrs qu'elle rendra de grands services aux deux pays.

Quant à la présente brochure c'est la seule publication de cette nature
qui fournisse des renseignements pratiques sur l'Ouest des États-Unis.
Elle pourra être consultée, avec profit, par les 8 ou 10,000 émigrants de
langue française qui débarquent annuellement à New-York, et même par
ceux qui, déjà fixés aux États-Unis, n'ont pas encore trouvé une position
indépendante, ni des placements satisfaisants de leurs capitaux.

Tout ce qu'on sait en France du *Far-West*, se borne à quelques articles
de journaux ou de revues, publiés, de loin en loin, par quelque Français
de distinction, qui traverse le pays, trop rapidement, pour en voir autre
chose que la superficie. Il signale, au point de vue critique ou humoristi-
que, ce qui lui paraît différer des mœurs françaises, mais personne, pas
même la presse française des États-Unis, n'a encore jamais parlé des ressources qu'offrent ces contrées neuves. C'est cette lacune, qu'à la
demande de plusieurs Français domiciliés dans le Kansas, le Gouvernement désire combler.

RÉSUMÉ.

Nous espérons que les pages qui précèdent, bien qu'elles ne traitent
qu'imparfaitement le sujet, suffiront pour donner une idée avantageuse
de l'État du Kansas et faire comprendre, qu'il a obéi à un sentiment légi-
time, en cherchant à se faire connaître en Europe.

On trouvera dans le Palais de l'Exposition, confondus avec ceux des
autres États de l'Union, des produits de son agriculture et de son industrie, mais cette publication est la meilleure exposition qu'il puisse faire.
Elle aura pour résultat, de lui assigner sa véritable place, parmi les différents États civilisés.

On reconnaîtra que si ses progrès ont été plus grands et plus continus que ceux de n'importe quelle autre contrée, c'est qu'il doit posséder un ensemble d'avantages plus considérables.

Son développement, loin de s'arrêter, va prendre un nouvel essor, par suite des sondages qui se font sur tous les points de sa superficie, des découvertes qu'ils entraînent, et de la volonté qu'on montre de toutes parts de créer des manufactures.

Jusqu'ici le Kansas a été principalement un État agricole.

Avant l'ouverture de la prochaine Exposition française, il aura pris une place importante, parmi les États manufacturiers. Le chiffre de sa population aura doublé. Les villes actuelles auront étendu leurs limites; de nouveaux centres de population se seront créés, là, où le laboureur sème aujourd'hui son blé. Des usines transformeront, de tous côtés, en objets d'industrie, les produits de son agriculture et de ses mines, et occuperont de nombreux ouvriers. Les chemins de fer auront continué à se développer et la fortune publique et privée dépassera toutes les prévisions.

Alors le Kansas, qui a commencé au milieu des difficultés de la guerre civile, aura atteint cet apogée qu'avaient en vue ses fondateurs, lorsqu'ils adoptèrent, pour l'État, cette devise:

Ad astra per aspera.

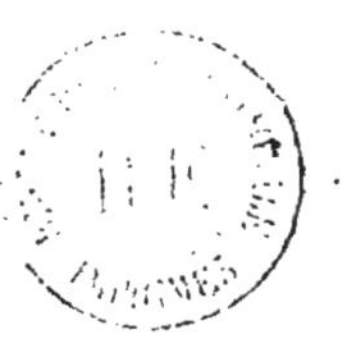

RELEVÉES DANS LE RAPPORT PUBLIÉ EN 1889 PAR LA COMMISSION
D'AGRICULTURE DU KANSAS, POUR LES ANNÉES 1887 ET 1888.

		Nombre		
		d'acres en culture.	de boisseaux.	Valeur de la récolte.
Froment	1887	738.199	8.616.244	$ 5.352.562
	1888	936.369	16.135.120	11.750.996
Maïs	1887	4.010.716	75.791.454	26.836.422
	1888	5.574.465	168.754.087	52.395.148
Seigle	1887	153.472	1.926.335	820.108
	1888	191.677	3.199.110	1.350.759
Orge	1887	20.727	414.540	165.816
	1888	5.727	113.585	40.325
Avoine	1887	1.577.076	46.727.418	12.232.243
	1888	1.656.814	54.665.055	12.470.908
Sarrazin	1887	4.229	63.435	47.576
	1888	3.824	49.984	40.298
Pommes-de terre	1887	114.728	9.178.240	6.883.680
	1888	126.185	8.199.004	5.234.356
Patates	1887	5.016	501.600	419.745
	1888	7.272	670.878	670.878
Ricin	1887	43.432	405.488	364.939
	1888	14.778	122.502	122.502
Lin	1887	142.577	1.400.741	1.190.629
	1888	162.655	1.340.222	1.206.199
Sorgho	1887	96.432	——	1.794.555
	1888	206.923	——	3.106.188
			Livres.	
Coton	1887	1.639	409.750	32.780
	1888	2.150	645.000	51.000
Chanvre	1887	327	228.900	11.445
	1888	239	167.300	8.365
Tabac	1887	740	444.000	44.400
	1888	559	335.400	33.540
			Tonnes.	
Millet	1887	508.441	1.016.882	4.764.901
	1888	471.539	943.078	3.997.517
Fourrages artificiels	1887	747.061	410.894	2.460.774
	1888	699.784	387.812	2.326.872
Foin de prairie	1887	3.805.861	2.381.964	9.948.764
	1888	3.861.681	2.188.767	7.748.377

[38]

ANIMAUX.

	—1887—		—1888—	
	Nombre.	Valeur.	Nombre.	Valeur
Chevaux	648.037	$58.323.330	700.723	$63.065.070
Mulets et ânes	89.957	8 995.700	92.445	9.244.500
Vaches laitières	692.858	13.857.160	742.639	14.852.780
Autres bêtes à cornes	1.508.628	31.372.560	1.619.849	32.396.980
Moutons	538.767	1.077.534	402.744	805.488
Porcs	1.847.394	12.931.758	1.433.245	11.465.960
Animaux gras vendus ou égorgés	—	30.447.801	—	29.978.254

	—1887—		—1888—	
	Livres.		Livres	
Laine	2.664.319	479.577	2.254.703	405.846
Beurre	27.610.010	4 323.403	26.232.442	4.458.880
Fromage	496.604	59.592	443.233	53.187
Lait vendu	—	477.381	—	582.607

APICULTURE.

	—1887—		—1888—	
	Nombre de ruches.	Valeur du produit.	Nombre de ruches.	Valeur du produit.
Apiculture	31.615	$ 53.374	24.296	$ 30.263

ARBRES FRUITIERS.

	—1887—		—1888—	
	En rapport.	Non en rapport.	En rapport.	Non en rapport.
Pommiers	4.746.670	6.273.272	4.849.903	6.146.920
Poiriers	118.880	232.664	117.226	250.426
Pêchers	4.330.265	3.247.936	4.226.609	2.353.333
Pruniers	487.219	546.546	494.932	520.323
Cerisiers	1.073.354	796.912	1.057.803	748.056

PETITS FRUITS, VIGNES, ETC.

	—1887—	—1888—
Nombre d'acres en pépinière	20.219	26.657
id. en Framboisiers	5.633	4.009
id. en Mûriers	4.539	3.755
id. en Fraisiers	2.516	2.309
Valeur des légumes vendus	923.933	1.044.247
Nombre d'acres en vigne	6.883	8.392
Nombre de gallons de vin	189.825	109.752
Valeur du vin	189.825	109.752

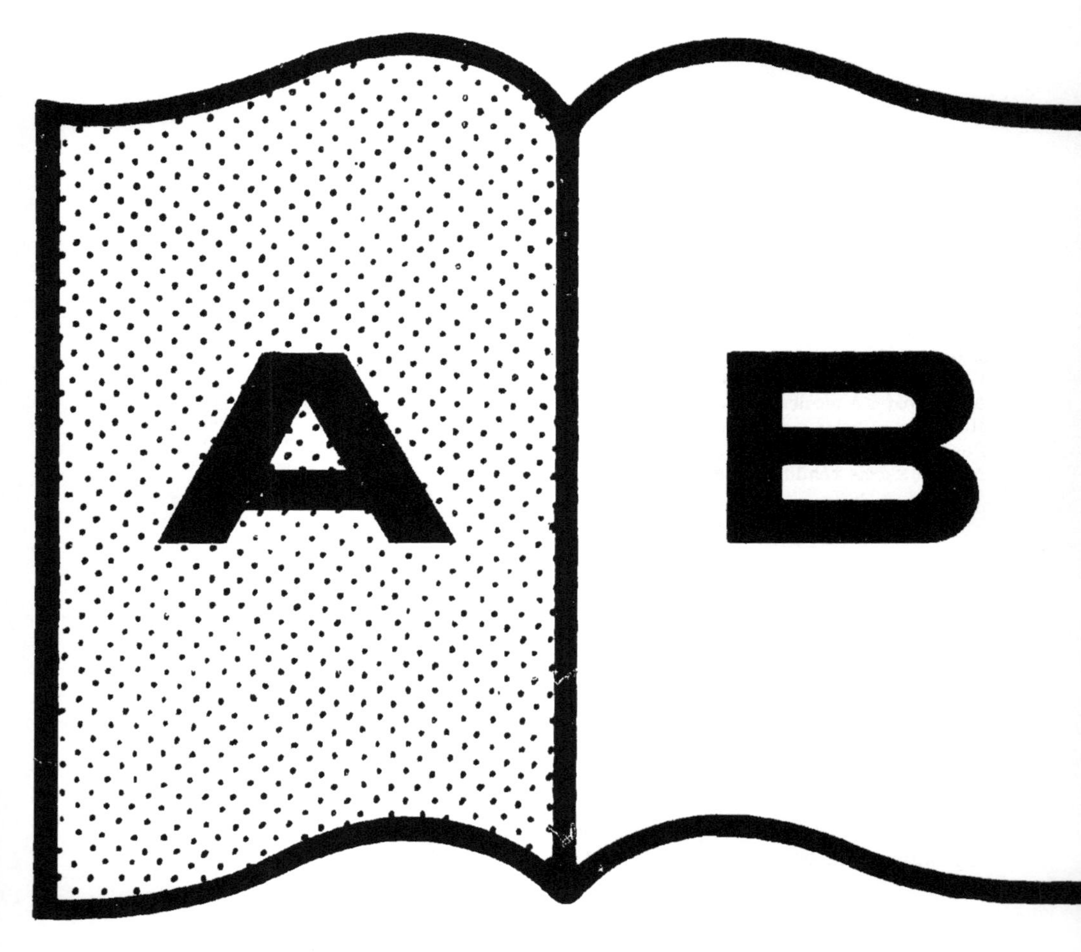

Contraste insuffisant

NF Z 43-120-14

www.ingramcontent.com/pod-product-compliance
Ingram Content Group UK Ltd.
Pitfield, Milton Keynes, MK11 3LW, UK
UKHW022349120726
13694UKWH00004B/1769